ICH BIN TOT

Alper Atay

DIE TIEFSTEN WUNDEN EINES MEN-
SCHEN SIND NICHT DIE, DIE MAN SE-
HEN KANN – SIE SIND DIE, DIE IN DER
STILLE SEINER GEDANKEN BLUTEN
UND NIEMALS HEILEN.

Verlag: BoD · Books on Demand GmbH,
In de Tarpen 42, 22848 Norderstedt,
bod@bod.de
Druck: Libri Plureos GmbH, Friedensallee 273,
22763 Hamburg
ISBN: 978-3-7693-5861-2

Manchmal sind wir nicht tot,
aber auch nicht wirklich lebendig.
Manchmal ist es die Stille,
die uns am meisten schreit.

Als ich die Augen öffnete, war alles schwarz. Eine schwere Dunkelheit umgab mich, als hätte sich die Welt in Nichts aufgelöst. Ich konnte nichts sehen, nichts hören. Nur mein eigener Körper bewies mir, dass ich noch existierte.

Mein Herz pochte langsam, aber kräftig, als würde es gegen etwas Unsichtbares ankämpfen. Meine Lunge sog Luft ein, doch jeder Atemzug fühlte sich schwer an, als wäre die Luft um mich herum dicker als sonst. Mein Magen arbeitete, als hätte ich gerade gegessen – aber ich konnte mich an keine Mahlzeit erinnern.

Ein beklemmendes Gefühl legte sich auf meine Brust. Wo war ich? Warum war alles erdrückend, so erdrückend? Ich wollte mich bewegen, doch es fühlte sich an, als würde mich etwas festhalten – nicht mit Fesseln, sondern mit dieser unnachgiebigen, schwarzen Leere.

Ich war gefangen. Aber wo? Und warum?

Ich versuchte mich zu erinnern. Irgendetwas musste doch noch da sein – ein Bild, ein Moment, ein letzter klarer Gedanke. Aber mein Kopf war leer.

Nur ein Ort blitzte kurz auf: ein Bahnhof, irgendwo in der Nähe. Doch was war dort geschehen?

Ich blickte nach unten, suchte nach meinen Armen, meinen Beinen. Ich wusste, dass sie da waren – ich konnte sie spüren – doch ich sah nichts. Nur Dunkelheit. Ein Gefühl der Leere breitete sich in mir aus.

War ich noch ich? War ich überhaupt noch da?

„Komm schon, erinnere dich", flüsterte eine Stimme in meinem Kopf, leise, drängend.
Und plötzlich flackerten Bilder auf. Unklar, verzerrt, als wären sie auf eine kaputte Leinwand projiziert. Schattenhafte Bewegungen, verschwommene Gesichter – Erinnerungen, die sich nicht greifen ließen. Trotzdem war es besser als das Schwarz. Endlich. Etwas veränderte sich.

Ich kniff die Augen zusammen, versuchte, die Bilder schärfer zu sehen. Da war es – ein Licht. Erst klein, dann stärker, ein heller Schein, der die

Dunkelheit durchbrach. Und mit dem Licht kam ein Geräusch. Laut, aber nicht bedrohlich. Eher... beruhigend.

Es klang, als würde ein Gegenstand sanft gegen einen anderen stoßen – nicht hart, nicht aggressiv, sondern rhythmisch, fast beruhigend. Es war vertraut, aber mein Verstand weigerte sich, es zu erkennen. Während ich versuchte, es einzuordnen, kämpfte ich mit den Bildern vor meinen Augen. Sie flimmerten und verzerrten sich, als würden sie durch eine beschlagene Glasscheibe dringen. Schattenhafte Umrisse tauchten auf, verschwanden wieder, lösten sich in der Dunkelheit auf. Ich zwang mich, mich zu konzentrieren.

Da war etwas – ein Licht, ein Geräusch, ein Hauch von Bewegung. Etwas wollte mir helfen, wollte mich herausziehen aus dieser endlosen Leere. Doch je mehr ich versuchte, es zu erkennen, desto weiter entfernte es sich.

Die Unruhe in meiner Brust wuchs. Was, wenn ich mich nicht erinnern konnte? Was, wenn ich hier feststeckte – für immer in dieser erdrückenden Dunkelheit, ohne Zeit, ohne Raum, ohne irgendjemanden.

Doch dann – ein Funke. Eine Erinnerung.

Bevor ich hier war, war ich zu Hause. Ich sah mich selbst, müde und erschöpft, wie ich die Haustür aufschloss, meine Tasche achtlos in die Ecke warf und mich auf das Bett sinken ließ. Der Tag war lang gewesen, wie jeder andere zuvor. Acht Stunden Arbeit ohne Pause, ein monotones Ausharren, das sich Tag für Tag wiederholte. Keine Verschnaufmomente, kein Raum zum Atmen. Danach ins Auto, die Straßen entlangfahren, mit leerem Blick die Lichter der Stadt an mir vorbeiziehen lassen, nur um dann zu Hause in einen tiefen, traumlosen Schlaf zu fallen.

Das war mein Alltag gewesen – eintönig, farblos, immer derselbe Ablauf. Und doch… war da etwas. Ein Bruch in der Routine. Ein unbestimmtes Gefühl, das mir sagte, dass irgendetwas nicht stimmte.

Warum war ich jetzt hier?

Langsam begann ich zu begreifen.

Ich war in einem Traum gefangen.

Das musste die Erklärung sein. Vielleicht war dies eine Art Zwischenebene – ein Ort zwischen Leben und Traum, ein Schattenreich, in dem sich mein Bewusstsein verfangen hatte. Vielleicht hatte mein Körper vergessen, mich aufzuwecken. Vielleicht war der Prozess unterbrochen worden, wie ein Computer, der in einer Endlosschleife feststeckt und auf einen Befehl wartet, der niemals kommt.

Ich musste etwas tun. Ich durfte nicht hierbleiben.

Hektisch öffnete und schloss ich meine Augen, ein schneller Reflex, ein verzweifelter Versuch, meinem Körper zu signalisieren, dass ich wach war. Doch nichts geschah.

Panik stieg in mir auf.

Ich holte tief Luft – oder versuchte es zumindest. Dann schrie ich. So laut ich konnte, mit jeder Faser meines Seins. Ich spürte, wie sich mein Mund öffnete, fühlte, wie mein Kehlkopf sich anspannte, wie meine Lungen sich leerten. Doch es kam kein Laut über meine Lippen.

Die Stille um mich herum blieb unberührt.

Ich war gefangen.

Und zum ersten Mal hatte ich Angst, dass ich vielleicht niemals wieder aufwachen würde.
Ich lief in diesem dunklen Raum, aber sah nichts. Es war, als würde ich durch einen endlosen Nebel schreiten, dicht und schwer. Jeder Schritt hallte in der grenzenlosen Leere wider, als würde der Raum meine Verlorenheit verspotten.

Mein Herz schlug schneller, lauter, als ob es den einzigen Rhythmus in dieser lautlosen Welt vorgeben wollte. Plötzlich veränderte sich etwas.

Ein kaum wahrnehmbares Flüstern, leise wie der Hauch eines Windes, streifte mein Ohr. Ich blieb stehen, hielt den Atem an und lauschte. „Wer... bist du?"

Die Worte schienen aus dem Nichts zu kommen und doch drangen sie tief in mein Innerstes. Sie waren weder feindselig noch freundlich – nur fragend, leer. Ich versuchte zu antworten, aber meine Stimme war wie ausgelöscht. Stattdessen schloss sich die Dunkelheit enger um mich, als wolle sie mich verschlingen.

Die Luft wurde kälter und mit ihr kroch eine lähmende Ohnmacht in meinen Körper. Ich sank auf die Knie, die Hände ausgestreckt, tastend nach etwas – nach irgendetwas.

Die Oberfläche unter mir war glatt, beinahe gläsern, und doch fühlte ich die Kälte, die daraus aufstieg. Ein Zittern durchlief meinen Körper. Bin ich... allein, dachte ich, doch die Dunkelheit antwortete nicht.

Mit der Zeit verlor ich jedes Gefühl für Richtung. Gab es oben oder unten? Vorwärts oder rückwärts? Ich lief, rannte, stolperte und fiel, doch der Raum blieb gleich – endlos, formlos. Zeit hatte hier keine Bedeutung. Minuten, Stunden, vielleicht Tage – alles zerfloss in diesem Schattenreich.

Ich fing an zu verzweifeln, mich auf die Knie zu setzen und mein Kopf zum Boden zu senken, da ich keine Hoffnung mehr hatte, in die richtige Welt zurückzukommen. In meinen Gedanken antwortete ich schreiend auf die Frage, wer ich war: „Ich bin...“

Bevor das Wort meine Gedanken verlassen konnte, zerriss ein Lichtstrahl die endlose Schwärze. Es war kein warmes, einladendes Licht, sondern kalt und schneidend, als würde es die Dunkelheit zwingen, einen Moment lang zurückzuweichen. Doch mit dem Licht kam kein Trost. Nur eine unheimliche Stille, die drückender war als die Schwärze zuvor.

Das Licht flackerte – einmal, zweimal – und mit jedem Zucken der Helligkeit flackerten Bilder in meinem Kopf auf. Verzerrte Gesichter, eine kalte Straßenlaterne im Regen, das schrille Kreischen von Bremsen. Dann wieder Dunkelheit. Die Erinnerungen fühlten sich an wie Glasscherben – scharf, unvollständig und schmerzhaft.

Mein Herz raste, ein dumpfes Hämmern in meiner Brust. Die Angst hatte mich fest im Griff, ihre kalten Finger umklammerten meine Kehle. Doch da war noch etwas anderes. Ein Gefühl, das mich gleichzeitig antrieb und zerriss – Verzweiflung, ja, aber auch... Hoffnung?

Das Licht zog sich plötzlich zusammen, formte einen engen Kreis vor mir. Ohne zu wissen, warum, setzte ich mich in Bewegung. Meine Schritte waren zögernd, mühsam, als ob ich gegen einen unsichtbaren Widerstand kämpfte. Die Luft fühlte sich dick an, fast greifbar, als würde sie mich zurückhalten wollen.

Und dann, aus dem Nichts, kam das Flüstern zurück. Diesmal war es näher, beinahe ein Hauch an meinem Ohr:

"Wer bist du?"

Schon wieder die Stimme – so leer und gleichzeitig so eindringlich – schien die Frage in mein Innerstes zu brennen. Ich wollte antworten, wollte schreien, aber mein Mund blieb stumm. Stattdessen kam eine andere Reaktion: Tränen. Heiße Tropfen, die meine Wangen hinabrollten. War es Trauer? Oder Wut? Ich wusste es nicht.

Ich sank erneut auf die Knie. Der Boden unter mir war fest, glatt wie Eis, und doch fühlte es sich an, als würde ich auf einem Abgrund hocken. Jeder Atemzug wurde schwerer, jeder Gedanke zäher. War dies ein Traum? Ein Albtraum? Oder etwas anderes?

Das Licht begann sich zu verändern. Es pulsierte, wurde größer, und mit jedem Schlag des Lichts drang ein dumpfer Ton an mein Ohr – ein Herzschlag. Nicht meiner. Jemand... oder etwas... war hier. Mit mir.

Ich flüsterte, kaum hörbar: "Ich bin..."

Doch die Dunkelheit verschlang meine Stimme. Und dann, ganz plötzlich, hörte ich eine andere, verzerrte Antwort aus der Finsternis:

"Bist du sicher?"

Eine Gänsehaut zog sich über meinen Rücken. Die Frage traf mich wie ein Schlag. Bin ich sicher? Wer bin ich überhaupt? Mein Name, meine Vergangenheit – alles begann zu verschwimmen, als wäre mein Selbst ich aus dem eigenen Körper gerissen.

Plötzlich riss das Licht auf, blendend und unerbittlich. Ich schrie – diesmal laut, ohrenbetäubend, und das Echo meines Schreis brach wie eine Welle durch den Raum.

Ein verschwommener weißer Rand zeichnete sich vor meinen Augen ab, ein flüchtiges Licht in der erdrückenden Dunkelheit. Doch mit jedem Wimpernschlag wurde das Bild schärfer, klarer, als würde meine Sicht langsam aus einem tiefen Nebel auftauchen. Das Licht dehnte sich aus, wuchs, bis es schließlich eine Form annahm – eine Fassade. Ein Laden. Verlassen, still, und doch präsent, als wäre er eigens für mich hier.

Mein Herz pochte heftig, während ich versuchte, die Bedeutung dieses Ortes zu begreifen. Warum sah ich ausgerechnet diesen Laden? Was wollte er mir sagen? Instinktiv senkte ich den Blick – doch da war nichts. Kein Schatten, keine Beine.

Nur ein leerer Raum, als hätte meine Existenz jede körperliche Form verloren.

Und doch... konnte ich gehen. Schritt für Schritt tastete ich mich entlang der Scheibenfront, mein Spiegelbild darin verborgen. Niemand im Inneren, niemand draußen. Die Welt war verstummt. Kein Windhauch, kein Echo. Nur ich – und der Laden.

Die Luft war dicht, fast greifbar, als würde sie meine Gedanken umschließen. Warum dieser Ort? Warum diese Stille? Es fühlte sich an, als hätte jemand mich genau hierhergebracht, um mich mit einer unausgesprochenen Frage zu konfrontieren. Mit zitternden Fingern legte ich die Hand an das Glas – kalt, leblos – und doch vibrierte es, als wäre etwas dahinter, das atmete, das wartete. Ein leises, rhythmisches Pochen, als käme es aus der Tiefe der Wände. War es... mein eigenes Herz, das zurückhallte?

Meine Augen suchten nach einem Hinweis, nach einer Regung, doch die Regale im Inneren lagen im Schatten. Eine beklemmende Vorahnung kroch durch meine Glieder. Hier, in dieser Leere, war ich nicht allein. Jemand wollte, dass ich mich erinnerte. Doch an was? Ein Laden – vertraut und doch fremd. Was verband mich mit diesem Ort?

Die Stille schien sich zu verdichten, schwerer, drückender. Und mit ihr wuchs das Gefühl, dass dies erst der Anfang war.

Als mein Blick nach links glitt, fiel er auf eine Tür
– den Eingang zu diesem seltsamen, einsamen Laden.
Sie stand da, schlicht, doch seltsam eindringlich, als
würde sie mich rufen. Das Holz wirkte alt, von der
Zeit gezeichnet, doch es strahlte eine unbestimmte,
fast magnetische Anziehungskraft aus.

Ein kaum hörbares Knarren drang aus den Angeln,
als ob die Tür selbst atmete, als wäre sie ungeduldig,
dass ich sie endlich öffnete.

Ich spürte eine unsichtbare Spannung in der Luft,
eine stumme Einladung – oder war es eine Warnung?
Jeder Schritt, den ich näherkam, hallte tief und hohl in
der endlosen Dunkelheit wider, als würde der Raum
selbst mein Kommen verkünden. Die Welt um mich
herum blieb leer, lautlos, doch die Tür... Sie wirkte lebendig.

Zögernd hob ich die Hand. Der Türgriff, aus kaltem
Metall, vibrierte leicht, als ob er mein Zögern spüren
konnte. Die Stille wurde dichter, schwerer, bis sie fast
wie ein Druck auf meiner Brust lastete. Mein Atem

ging flach, mein Herzschlag war das Einzige, das den Rhythmus dieser unheimlichen Welt durchbrach.

Was lag dahinter? Die ersehnte Antwort? Oder eine Wahrheit, die ich vielleicht nicht ertragen konnte?

Ich fasste den Griff fester, zog langsam, und –

Alles verschwand.

Ein plötzlicher Ruck und ich wurde erneut von Dunkelheit verschlungen. Tiefer, dichter, als wäre die Welt selbst ausgelöscht worden. Kein Laut, kein Boden, kein Halt – nur Leere.

Es fühlte sich an, als wäre ich weiter in die Dunkelheit geraten, als wäre es dunkler als zuvor. Ich war zurück im Nichts.

Die Dunkelheit umhüllte mich wieder, schwer und allgegenwärtig. Doch diesmal war etwas anders: Ein Rest dieser seltsamen Szenerie hallte in mir nach – der Laden, die Tür, das unbestimmte Ziehen. Warum war ich dort gewesen? Warum sollte ich ihn sehen?

Meine Gedanken kreisten rastlos. Was bedeutete dieser Ort? War er ein Fragment aus meinem Leben, ein Abbild von Erinnerungen, die ich längst vergessen hatte? Oder war er eine Prüfung – eine Botschaft, die ich entschlüsseln sollte? Ich tauchte tiefer in meine Erinnerungen ein, durchsuchte die Bruchstücke meines Daseins nach einem Hinweis. Hatte ich jemals so einen Laden gesehen? Irgendein Detail, eine Begegnung, die ich verdrängt hatte?

Doch mit jeder Frage schien die Dunkelheit dichter zu werden, als wolle sie meine Gedanken verschlingen. War das hier eine Zwischenwelt – ein Ort, an dem sich Vergangenheit, Gegenwart und etwas Unbekanntes vermischten? War ich gefangen zwischen zwei Zuständen, weder wirklich lebendig noch gänzlich verloren?

Unruhe stieg in mir auf, vermischt mit einer bohrenden Ahnung: Was, wenn es nicht um den Ort ging, sondern um mich? Was, wenn ich hier war, weil etwas in mir selbst verborgen lag – etwas, das ich bisher nicht wahrhaben wollte?

Ich wanderte erneut durch die endlose Dunkelheit. Doch etwas hatte sich verändert. Allmählich schien mein Verstand die Schwärze zu akzeptieren – als wäre sie kein Feind mehr, sondern ein stiller Begleiter. Mein Unterbewusstsein gaukelte mir vor, es würde heller, obwohl keine Lichtquelle die Finsternis durchbrach. Doch in dieser undurchdringlichen Leere begann sich mein Geist zu klären, als hätte der rätselhafte Laden, den ich zuvor gesehen hatte, verborgene Türen in meinem Innersten aufgestoßen.

Meine Gedanken trieben mich tiefer in die Erinnerung. Wo war ich stehen geblieben? Richtig – bei jenem Abend. Nach der Arbeit war ich erschöpft ins Bett gefallen.

Doch nun sah ich mich selbst, als wäre ich Zuschauer meines eigenen Lebens. Ich erhob mich, zog mich an. Es war kein zielloses Treiben. Jede Bewegung wirkte bestimmt, als folgte ich einem festen Plan. Mein Blick – konzentriert, forschend – als wüsste ich genau, wohin ich wollte.

Ich sah mich selbst, wie ich die Wohnung verließ, mit einem Ausdruck von Erwartung und Unruhe im Gesicht – als könnte ich es kaum abwarten, mein Ziel zu erreichen. Doch das Seltsame war: Ich erinnerte mich nicht an diesen Tag. Ich beobachtete mich wie eine fremde Figur in meinem eigenen Leben. Jede Bewegung, jeder Blick wirkte vertraut und doch distanziert, als wäre nicht ich es gewesen, der diesen Weg beschritt.

Ich sah, wie ich mich ins Auto setzte, den Schlüssel drehte und den Motor aufheulen ließ. Ohne Zögern trat ich aufs Gas. Die Straßen zogen an mir vorbei, Lichter verschwammen zu Linien, während ich mit rasender Geschwindigkeit durch die Nacht schnitt. Ein ungreifbares Gefühl trieb mich an – war es Eile? War es Sehnsucht? Oder Angst?

Das Lenkrad fühlte sich fest und kalt unter meinen Fingern an, die Musik spielte dumpf im Hintergrund, doch meine Gedanken waren lauter: Wo fuhr ich hin? Und warum war mir dieser Moment entfallen?

Die Stadt veränderte sich allmählich. Die Straßen wurden schmaler, die Lichter seltener. Schließlich verlangsamte ich. Ein unsichtbarer Instinkt ließ mich anhalten. Ich parkte und blickte auf die Szenerie vor mir: Eine Straße, hell erleuchtet, voller Leben.

Menschen saßen an Tischen, lachten, aßen, als wäre es ein ganz normaler Abend. Und doch – etwas war anders. Diese Straße…

Sie wirkte vertraut, wie ein Ort aus einem Traum, der längst verblasst ist. Ich kannte diesen Ort. Aber warum? Und wieso war ich hier? Die Antworten schienen zum Greifen nah – und doch entglitten sie mir.

Als ich gerade die Autotür öffnete und ausstieg, verschlang mich erneut die Dunkelheit. "Nein!" rief ich, meine Stimme hallte in der endlosen Leere wider. Wieder wurde ich von einer Antwort fortgerissen – als wäre ich der Wahrheit so nah gewesen, nur um sie im letzten Moment zu verlieren. Es fühlte sich an, als kämpften zwei Kräfte um meine Erkenntnis: eine, die mir den Weg zeigen wollte, und eine andere, die mich davon abhielt, die Wahrheit zu sehen.

"Verstehst du jetzt?" ertönte die vertraute Stimme – ruhig, aber eindringlich. Sie schien mehr zu wissen als ich, schien meine Gedanken zu durchdringen. Jede Frage, jedes Zögern, jedes Gefühl – die Stimme

schien es zu spüren, als wäre sie ein Echo meines Innersten.

"Verstehst du?" fragte sie erneut, diesmal drängen-
der.

"Nein...", flüsterte ich, meine eigene Verwirrung
lastete schwer auf meiner Brust. "Ich weiß es nicht...
Warum bin ich hier? Was willst du mir zeigen?"

„Du musst verstehen. Erinnere dich." Die Klimme
klang eindringlicher, fester.

Erinnern? Woran?

Mein Herz schlug schneller.

„Schau genauer hin."

Plötzlich zuckte ein Bild durch meinen Verstand –
zu schnell, um es zu greifen, zu langsam, um es zu
ignorieren. Ein Gesicht. Vertraut und doch fremd.
Meine Atmung stockte.

Erinnern.

Und dann traf es mich wie ein Schlag. Mein Herz
setzte einen Schlag aus. Ein Rauschen erfüllte meine
Ohren, als würde eine unsichtbare Welle über mich
hinwegrollen. Das Bild vor meinem inneren Auge

flackerte, drohte zu verblassen, doch ich klammerte mich daran.

Eine Frau. Langes Haar, dunkle Augen. Ein Lächeln, das mich einst beruhigt hatte. Ihr Blick – voller Wärme und Schmerz zugleich. Doch ich sah sie nicht direkt vor mir. Ich sah sie durch die Fensterscheibe des Ladens – jenes Ladens, der eben noch leer gewesen war. Und plötzlich war sie da, stand mitten im Raum, als hätte sie schon immer dort gestanden.

„Wer… bist du?“ Meine eigene Stimme klang fremd, als hätte ich Angst vor der Antwort. Ich trat näher an die Fensterscheibe, klopfte vorsichtig dagegen.

Keine Reaktion.

„Hallo?“ rief ich, doch die Worte verpufften im Nichts.

Ich klopfte fester, ließ meine Fingerknöchel auf das Glas prallen.

Wieder nichts.

Sie stand da, reglos, den Blick auf irgendetwas in der Ferne gerichtet – als wäre ich nicht da, als wäre ich nur ein Schatten in dieser Welt.

Ich hämmerte nun mit der Faust gegen die Scheibe, spürte das kalte Glas unter meiner Haut. Der Lärm musste sie hören lassen – musste sie endlich zu mir bringen. Aber sie reagierte nicht.

Als würde ich nicht existieren.

Ein seltsames Gefühl kroch in mir hoch, langsam, quälend.

Vielleicht tat ich das nicht.

Ich drehte mich um, suchte nach einem Hinweis, irgendetwas, das mir erklären könnte, wo ich war. Aber die Dunkelheit hinter mir blieb undurchdringlich. Nur der Laden, die Scheibe – und sie.

Plötzlich bewegte sie sich.

Langsam. Fast, als hätte sie mich doch gehört.

Ihr Kopf drehte sich zur Seite, aber nicht in meine Richtung. Ihre Hand glitt vorsichtig über eine verstaubte Theke, als würde sie nach etwas suchen.

Ich drückte meine Stirn gegen die Scheibe, die Kälte brannte auf meiner Haut.

„Bitte… sieh mich an."

Ein leises Flüstern, kaum mehr als ein Gedanke.

Dann, als hätte sie mich gehört, hob sie den Kopf – direkt zu mir.

Unsere Blicke trafen sich.

Für einen Moment glaubte ich, sie würde mich erkennen. Ihr Gesicht war von einer traurigen Schönheit, die mir den Atem raubte. Ihre Lippen bebten, als wollte sie etwas sagen.

Doch in ihren Augen lag nichts als Leere.

Sie sah mich an – und doch sah sie mich nicht.

Ich spürte, wie mein Herz sich zusammenzog.

Was, wenn ich wirklich nicht existierte?

Als ich schon aufgeben wollte, mich der Dunkelheit wieder hingeben wollte, hörte ich plötzlich ihre Stimme.

„Komm herein.“

Mein Herz setzte aus. Ich riss den Kopf hoch und sah sie an.

Sie blickte in meine Richtung. Direkt.

Vielleicht hatte sie mich endlich wahrgenommen Vielleicht war ich doch nicht unsichtbar.

Ich öffnete den Mund, wollte etwas sagen, doch dann hörte ich das leise Klingeln der Ladenglocke.

Ein Schatten fiel durch die Tür.

Ein Mann trat ein, ein Fremder. Er nickte ihr zu, zog seine Handschuhe aus und trat an die Theke.

Mein Magen zog sich zusammen.

Sie hatte nicht mit mir gesprochen.

Natürlich nicht.

Ich stand immer noch zwischen Vergangenheit und Nichts, gefangen in einer Welt, die mich nicht wahrnahm.

Die Enttäuschung traf mich mit unerwarteter Härte.

Ich beobachtete, wie sie mit ruhigen Bewegungen eine Tasse nahm und eine Bestellung aufnahm, ein leises Lächeln auf den Lippen. Für sie war alles normal. Keine Unsicherheit, keine Verwirrung.

Für sie existierte ich nicht.

Ich ballte die Fäuste.

Nein.

Ich war hier.

Ich musste einen Weg finden, mich bemerkbar zu machen.

Doch wie?

Als der Gast seine Bestellung bezahlt hatte und den Laden verließ, blieb nur noch das leise Klingeln der Türglocke zurück. Ein Moment der Stille.

Jetzt war es an der Zeit, dass ich eintrat.

Ich wusste nicht, was mich erwartete. Aber ich wusste, dass ich nicht länger davor weglaufen konnte.

Ich musste es herausfinden.

Warum konnte sie mich nicht sehen?

Und warum kam sie mir so vertraut vor?

Dieses Gesicht…

Wunderschön, strahlend – doch nicht nur wegen seiner makellosen Züge. Sie steht da, strahlender als jedes Licht, das je die Dunkelheit durchbrochen hat – und doch so greifbar, so lebendig, als wäre sie die Quelle allen Glanzes. Doch ihr Leuchten ist anders. Es ist mehr als bloße Helligkeit, mehr als ein flüchtiger Schein. Es ist eine Wärme, die das Herz berührt, ein Glühen, das nicht nur die Augen erreicht, sondern tief in die Seele dringt. Ihr Licht könnte das gesamte Universum erhellen, seine unendlichen Weiten mit einem einzigen Blick erleuchten. Und doch spürt man, dass ihr Strahlen nicht nur von außen kommt. In ihren Augen liegt eine Tiefe, geformt von Erlebnissen, von Geschichten, die sie gezeichnet, aber nie gebrochen haben.

Eine Erinnerung, die sich meiner zu entziehen schien, ein Gefühl, das mich nicht losließ.

Ich setzte einen Fuß in den Laden.

Kein Hindernis, kein unsichtbares Band, das mich zurückhielt.

Die Luft war warm, erfüllt von einer Mischung aus frisch aufgebrühtem Kaffee und altem Papier. Das gedämpfte Licht warf sanfte Schatten auf die Regale voller Bücher und kleiner Kostbarkeiten.

Und da stand sie.

So nah, dass ich ihren Atem hätte spüren können.

Ich öffnete den Mund, wollte sie ansprechen – doch in diesem Moment hob sie langsam den Blick.

Ihre Augen trafen meine.

Ein sanftes Stirnrunzeln. Ein Hauch von Verwirrung.

Hatte sie mich… gesehen?

Mein Herz schlug immer schneller, raste unkontrolliert, als würde es ahnen, dass dieser Moment alles verändern könnte.

Ich wollte sprechen.

Ich wollte endlich wissen, wer sie war, warum sie mich nicht erkannte – und doch so vertraut wirkte.

Doch in dem Moment, in dem ich den Mut fand, die Worte auszusprechen, geschah es.

Die Dunkelheit kehrte zurück.

Plötzlich war alles fort.

Der Laden, ihr Gesicht, die Wärme des Raumes – alles wurde von der endlosen Schwärze verschluckt.

Ich stolperte zurück, suchte Halt, doch es gab nichts. Kein Boden unter meinen Füßen, keine Luft, die ich atmen konnte.

Nur Stille.

Nur Leere.

Und dann – eine Stimme.

„Nicht jetzt."

Tief, ruhig, aber bestimmend.

Ich kannte diese Stimme.

Doch ich wusste nicht, wem sie gehörte.

Mein Körper fühlte sich schwer an, als würde ich in dieser Dunkelheit versinken, als würde sie mich zurückholen an einen Ort, den ich längst vergessen hatte.

Ich wollte kämpfen.

Ich wollte zurück in den Laden, zurück zu ihr.

Doch ich konnte nichts tun.

Die Dunkelheit war stärker.

Und dann – nichts.

Doch langsam begann ich, mich an die Dunkelheit zu gewöhnen. Sie war nicht mehr nur eine leere, erdrückende Masse – sie hatte eine Struktur, einen Fluss, als würde sie einem Rhythmus folgen.

Ich atmete tief ein. Was hatte ich zuletzt getan, bevor ich entkam? Ich erinnerte mich an den Laden. An ihr

Gesicht. An den Moment, in dem sich unsere Blicke trafen.

Und an die Stimme.

Die Stimme, die mich zurückgezogen hatte. Ich musste mit ihr sprechen. Ich wusste nicht, ob sie mich hören konnte, ob sie überhaupt wollte, dass ich mit ihr sprach. Aber es war meine einzige Chance.

„Wer bist du?" fragte ich in die Dunkelheit. Meine Stimme klang klarer als erwartet, hallte jedoch nicht wider – als würde sie von der Leere verschluckt.

Keine Antwort.

Ich schloss die Augen, konzentrierte mich.

„Warum bin ich hier?"

Stille.

Dann, ganz nah an meinem Ohr:

„Du erinnerst dich nicht."

Ein Schauer lief mir über den Rücken.

„Woran soll ich mich erinnern?" flüsterte ich.

Ein leises Lachen.

Nicht spöttisch. Eher geduldig.

„Du weißt es bereits."

Mein Herz zog sich zusammen.

Ich wusste es?

Mein Kopf schien sich zu drehen, Gedanken fluteten meinen Geist – unvollständige Bilder, Fragmente von Erinnerungen, die keinen Sinn ergaben.

Ein Name, den ich nicht kannte. Ein Gesicht, das mir so vertraut war. Und dann – ein Gefühl. Etwas, das mir den Atem raubte.

Ich dachte nach. Immer wieder ließ ich die Bilder vor meinem inneren Auge auftauchen, versuchte, es festzuhalten, bevor es erneut verblasste.

Das Lachen…

Es war nicht das erste Mal, dass ich es hörte.

Doch wo?

Mein Herz schlug schneller, als die Erinnerung sich mir entziehen wollte, wie ein Wort auf der Zunge, das man nicht aussprechen kann.

Es war warm. Geborgen. Ein Klang, der mir einst vertraut gewesen war.

Ich schloss die Augen.

Und dann – ein weiteres Bild.

Zuerst verschwommen, als würde ich durch einen dichten Nebel blicken. Doch langsam wurde es klarer.

Ein großer Raum.

Tische, Stühle, Stimmen, die in der Luft lagen wie ein entferntes Echo.

Ein Laden? Nein…

Eine Mensa.

Riesig, gefüllt mit Menschen, die lachten, aßen, redeten – ein Ort voller Leben.

Und mittendrin saß sie. Nicht hinter einer Theke, nicht in einem kleinen, ruhigen Laden.

Sie saß an einem der langen Tische, den Kopf leicht gesenkt, während eine Haarsträhne über ihre Wange fiel.

Mein Herz zog sich zusammen.

Ich kannte diese Szene. Ich war hier gewesen.

Mit ihr.

Die Erkenntnis traf mich wie ein Schlag.

Dieses Lachen, das mich nicht losließ – ich hatte es damals gehört. In dieser Mensa. Bei ihr.

Doch warum? Warum war diese Erinnerung so tief vergraben?

Ich machte einen Schritt nach vorne.

„Du beginnst zu verstehen", sagte die Stimme.

Die Mensa wirkte greifbar, real, als könnte ich einfach hindurchgehen und mich zu ihr setzen.

Ich wollte es tun. Doch dann spürte ich es wieder.

Ein Zögern, ein unsichtbares Band, das mich zurückhielt.

Und dann die Stimme.

„Du bist noch nicht bereit."

Die Mensa begann zu flackern. Wie eine alte Filmaufnahme, die gleich reißen würde.

„Nein!" rief ich, streckte die Hand aus – doch es war zu spät.

Die Szene zerbrach. Und die Dunkelheit kehrte zurück.

Zurück in der Dunkelheit ließ ich meine Gedanken kreisen.

Ich versuchte, alles wie Puzzleteile aneinanderzufügen.

Der Laden.

Die Mensa.

Die Stimme.

Die Frau.

Alles schien zusammenzuhängen, doch das Bild ergab
noch keinen Sinn.

Warum tauchte sie immer wieder auf?

Warum erkannte sie mich nicht?

Warum konnte ich mich nicht vollständig erinnern?

Mein Kopf pochte. Die Dunkelheit pulsierte um
mich herum, als wäre sie lebendig, als würde sie mir
Zeit geben – oder mich absichtlich quälen.

Ich schloss die Augen, konzentrierte mich auf das,
was ich wusste.

Ich hatte sie gekannt.

Wir hatten in dieser Mensa gesessen.

Ich hatte ihr Lachen gehört.

Es war nicht irgendein Geräusch, nicht irgendein Moment. Es bedeutete etwas.

Und dann fiel mir etwas auf.

Die Stimme hatte nie gesagt, dass ich erkennen soll.

Sie hatte gesagt, dass ich mich erinnern soll.

Das bedeutete…

Ich hatte etwas vergessen.

Nicht nur Details, nicht nur Momente – etwas Wichtiges. Etwas, das mich hierhergebracht hatte. In diese Dunkelheit.

Ein Schauer lief mir über den Rücken.

Was, wenn ich gar nicht hier sein sollte?

Was, wenn ich die Dunkelheit nie hätte betreten dürfen?

Ein plötzlicher Gedankenblitz durchfuhr mich.

Ich hätte nie hier sein dürfen.

Etwas war passiert…

Etwas, das mich hierhergebracht hatte.

Aber es hätte mich nicht treffen dürfen.

Mein Herz raste, als ich versuchte, den Gedanken zu greifen, bevor er wieder verschwand.

War es ein Unfall? Ein Fehler?

Jemand anders hätte hier sein sollen – doch stattdessen war ich es.

Die Dunkelheit um mich herum begann zu beben.

Und dann hörte ich sie wieder.

Die Stimme.

„Du bist nah dran.“

Sie klang nicht streng, nicht drohend – eher ruhig, fast sanft.

„Doch es fehlt noch etwas.“

Ich wollte fragen, was. Ich wollte endlich Antworten.

Aber bevor ich etwas sagen konnte, riss mich ein unsichtbarer Sog mit sich.

Die Dunkelheit verzog sich, als hätte sie mich ausgespuckt.

Plötzlich war ich wieder dort.

In der Mensa.

Die Stimmen, das Klirren von Besteck, das gedämpfte Lachen – alles war wieder da.

Ich stand am Rand des Raumes, als wäre ich gerade erst eingetreten.

Und dann sah ich sie.

Sie saß am Tisch, genau wie zuvor.

Doch diesmal war sie nicht allein.

Jemand sprach mit ihr.

Ein Mann.

Ich konnte sein Gesicht nicht sehen und seine Stimme war durch den Lärm der Mensa nicht verständlich.

Er lehnte sich leicht vor, sagte etwas, das ich nicht verstand.

Ich trat näher.

Etwas in mir schrie, dass ich zuhören musste.

Dass dies wichtig war.

Doch ich konnte nicht hören, was er sagte.

Ich sah, wie sie sich ansahen, wie ihre Blicke sich trafen – ein stilles Verstehen, ein unausgesprochenes Band zwischen ihnen.

Dann lachte sie.

Es war dasselbe Lachen, das mir die ganze Zeit durch den Kopf ging.

Und doch war es anders.

Ich konnte es nicht fühlen.

Es war, als würde ich durch eine dicke Glasscheibe blicken – als wäre ich hier, aber nicht wirklich.

Ich bewegte mich näher an sie heran, versuchte, ihre Worte zu erfassen.

Doch alles blieb stumm. Nur das Lachen, nur ihre Gesten, nur die Art, wie sie sich ansahen.

Ein Gefühl kroch in mir hoch.

Eine Mischung aus Verzweiflung und Frustration.

Ich wollte es hören.

Ich musste es hören.

Aber dann…

Die Dunkelheit kehrte zurück.

Plötzlich war alles verschwunden.

Kein Lachen mehr. Keine Mensa.

Nur Stille.

Und dann – die Stimme.

„Du kannst hören…"

Sie machte eine Pause, ließ die Worte in der Leere verhallen.

„Aber du kannst nicht verstehen."

Mein Atem stockte.

Was bedeutete das?

Was war es, dass ich nicht verstand?

Café.

Frau.

Mensa.

Mann.

Was bedeutete das alles?

Ich hatte gedacht, dass ich in einer Art Zwischenwelt war – gefangen zwischen Leben und Traum, zwischen Erinnerung und Vergessen.

Aber mittlerweile…

Mittlerweile war ich mir nicht mehr sicher. Das fühlte
sich nicht an wie ein Traum oder irgendetwas dazwi-
schen.

Es fühlte sich an wie etwas Echtes, etwas Reales.
Doch warum konnte ich nicht hören, was gesprochen
wurde?

Warum konnte ich nicht verstehen?

„Denk nach.“

Die Stimme durchbrach die Dunkelheit erneut.

Sie war ruhig, geduldig – als wüsste sie bereits, dass
ich die Antwort kannte, auch wenn ich sie noch nicht
greifen konnte.

„Erinnerungen sind nicht nur Bilder. Sie sind
mehr.“

Ich schloss die Augen und ließ die Szenen noch einmal vor meinem inneren Auge ablaufen.

Der leere Laden.

Die Frau, die mich nicht bemerkte.

Die Mensa.

Der Mann, der mit ihr sprach.

Das Lachen.

Es war ein Muster.

Ein Puzzle, das sich langsam zusammensetzte.

Aber ein Teil fehlte noch.

Ein entscheidendes Teil.

Ein Fehler.

Das war das fehlende Teil.

Nicht die Orte, nicht die Menschen, nicht die Stimmen – sondern ein Fehler.

Mein Fehler.

Die Erkenntnis ließ mich erstarren. Doch welcher Fehler?

Ich versuchte, mich zu erinnern. Doch je mehr ich es versuchte, desto mehr schien sich alles zu entziehen, als würde ich durch Sand greifen.

„Du bist nah dran."

Die Stimme war wieder da.

„Aber du siehst es noch nicht."

Ich wollte schreien, wollte sie anschreien, sie solle mir endlich sagen, was es war.

Doch stattdessen kam eine neue Szene vor meine Augen.

Ich war wieder in der Mensa.

Diesmal nicht nur als Beobachter.

Ich saß dort.

Ich saß mit ihr am Tisch. Ich war die ganze Zeit der Mann.

Mein Herz raste.

Die Erinnerung war jetzt klarer.

Sie lachte.

Aber diesmal konnte ich hören.

Nicht alles, nur ein Wort.

„Warum?"

Sie sagte es mit einem Lächeln. Aber es lag mehr darin.

Und dann—

Die Dunkelheit riss mich wieder fort.

Die Stimme war da, sanfter als zuvor.

„Du hast etwas getan."

Mein Atem stockte.

Ja. Ich hatte etwas getan. Und es war ein Fehler gewesen.

Es musste etwas sein, das sich in der Mensa aufbaute und im Laden geschah.

Ein Moment, der sich langsam entwickelte, bis er unausweichlich wurde.

Ich war zuvor arbeiten gewesen.

Dann ging ich zum Laden.

Jede Erinnerung baute auf der vorherigen auf, wie ein Film, der sich vor meinen Augen entfaltete.

Und diesmal – diesmal wurde mir alles gezeigt.

Die Mensa.

Ich saß mit ihr am Tisch.

Ich war aufgewühlt, meine Gedanken kreisten, aber sie lachte, als wäre alles in Ordnung.

Als könnte sie nicht sehen, dass ich etwas sagen wollte, dass etwas in mir tobte.

Oder vielleicht wollte sie es nicht sehen.

Ich hatte an diesem Tag das Gefühl gehabt, dass sich etwas veränderte.

„Warum?"

Dieses Wort hallte in mir wider.

Sie hatte es gesagt, aber nicht mit der Schwere, die ich jetzt spürte.

Für sie war es leicht gewesen, beiläufig – für mich war es ein Stich ins Herz.

Denn ich wollte es ihr sagen.

Ich wollte ihr sagen, dass sie die Liebe meines Lebens ist.

Dass es niemanden gibt, der mich je so berührt hat wie sie.

Dass ich mir keine Zukunft vorstellen konnte, in der sie nicht an meiner Seite war.

Aber ich konnte es nicht.

Die Worte blieben in meinem Hals stecken und die Gelegenheit verstrich.

Dann war ich plötzlich beim Laden.

Ich betrat ihn mit dem letzten Funken Hoffnung.

Ich wollte mit ihr reden, wollte sie sehen, wollte eine Antwort.

Aber sie nahm mich nicht wahr. Nicht, weil ich nicht da war.

Sondern weil sie mich nicht sehen wollte. Und ich konnte das nicht akzeptieren. Die Wahrheit traf mich mit voller Wucht.

Ich hatte sie immer wieder gerufen.

Ich sah mich selbst, wie ich mich vom Laden, langsam, schwer atmend entfernte.

Mein Kopf war leer, mein Herz zu schwer, um weiterzudenken.

Ich lief zu meinem Auto.

Die Straßenlichter flackerten. Die Stadt wirkte stiller als sonst. Ich setzte einen Fuß auf die Straße.

Dann den nächsten.

Und dann—

Scheinwerfer.

Ein grelles Licht, das alles überstrahlte.

Ein Auto raste mit voller Geschwindigkeit auf mich zu.

Mein Körper erstarrte. Und genau in diesem Moment—

Schlug die Dunkelheit wieder zu.

Sie verschlang mich, riss mich aus der Szene, ließ nichts zurück außer Leere.

„Verstehst du jetzt?"

Die Stimme war wieder da.

Ruhig. Eindringlich.

Ich wollte antworten, wollte fragen, was mit mir geschehen war.

Aber ich konnte nicht.

Weil ich es bereits wusste.

Ob mein Körper noch existierte, ob ich atmete, ob mein Herz noch schlug—

Ich wusste es nicht.

Ich wusste nicht, ob mein Körper längst leblos war und all das nur ein Echo dessen, was einmal war.

Ob ich in meinen letzten Momenten all das noch einmal durchlebte, bevor alles endgültig erlosch.

Oder ob ich noch atmete, noch existierte – aber innerlich längst zerbrochen war.

Ob ich nicht physisch, sondern seelisch gestorben war.

Vielleicht gab es keinen Unterschied mehr.

Vielleicht war der Tod nicht nur das Ende des Körpers, sondern auch das Verstummen dessen, was einen lebendig machte.

Alles, was blieb, war die Dunkelheit.

Und eine Wahrheit, die ich nicht mehr leugnen konnte:

Egal, ob ich lebte oder nicht—

Etwas in mir war gestorben.

Danksagung

Mit diesem kleinen Werk möchte ich an all jene appellieren, die sich in einer psychischen Verfassung befinden, die von niemandem gehört oder verstanden wird und die sich selbst als psychisch tot empfinden.

Ihr seid nicht allein. Es gibt noch so viel mehr in euch, auch wenn es manchmal schwer zu erkennen ist. Eure Schmerzen, eure Gedanken, eure Kämpfe – sie sind real, aber sie definieren euch nicht.

Es gibt Hoffnung, selbst in den dunkelsten Momenten. Und auch wenn es sich anfühlt, als wäre die Dunkelheit allumfassend, wird sie irgendwann durchbrochen, wenn auch nur in winzigen Rissen.

Lasst euch von der Stille nicht zum Schweigen bringen. Denn auch in den tiefsten Tiefen des Schmerzes gibt es eine Stimme, die nie ganz verstummt. Sie ist leise, aber sie ist da. Und sie erinnert euch daran, dass ihr wertvoll seid, trotz allem.

Ich höre euch, auch wenn ihr keine Worte findet.